AF460357

L'HOMME PRÉHISTORIQUE

DE GRAVENOIRE

PAR

Le Dr Paul GIROD et Paul GAUTIER

PARIS
LIBRAIRIE J.-B. BAILLIÈRE ET FILS
19, RUE HAUTEFEUILLE, 19

DÉCOUVERTE

D'UN SQUELETTE HUMAIN

CONTEMPORAIN DES ÉRUPTIONS VOLCANIQUES QUATERNAIRES DU VOLCAN DE GRAVENOIRE (PUY-DE-DOME)

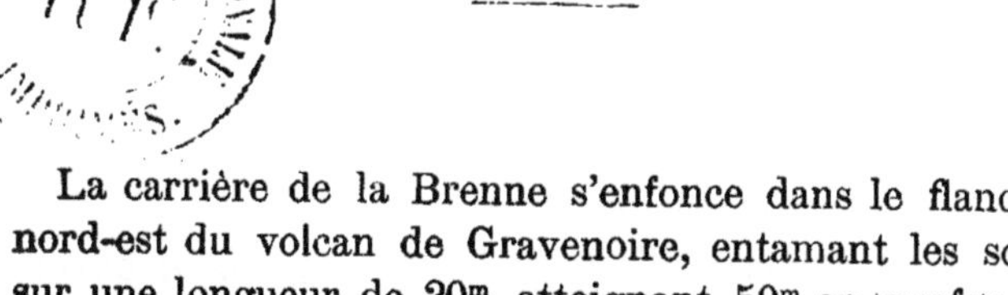

La carrière de la Brenne s'enfonce dans le flanc est-nord-est du volcan de Gravenoire, entamant les scories sur une longueur de 20^m, atteignant 50^m en profondeur. La superposition des couches est la suivante :

Terre végétale et éboulis	1,20
Scories remaniées et stratifiées	1,20
Scories en place, à gros éléments	3
Lit de cendres noires avec nodules d'argile	0,30
Argiles jaunes provenant des granits	0,80 à 1^m
Scories de fond, à éléments moyens	4
Arkoses de base.	

Dans le fond de la carrière, d'énormes paquets de lave forment la base des scories à gros éléments et reposent sur les argiles qui, à leur contact, ont été transformées par la chaleur et ont une teinte rouge-brique caractérisée. Partout où ces paquets manquent, on trouve le lit de cendres noires et les tranchées montrent, dans ce lit, des nodules provenant de l'argile inférieure, emballés et enveloppés par les éléments scoriacés. Il semble possible d'admettre que, sur ce point, les argiles, qui séparent les deux couches de scories, marquent une phase de repos entre deux éruptions successives. Dans ce cas, les cendres auraient balayé la surface de l'argile, étant peut-être à l'état boueux, et auraient entraîné avec elles les parties superficielles de l'argile avec les débris qu'elles supportaient.

Une des dernières tranchées a intéressé largement ces cendres et les argiles. C'est au contact de ces deux couches que le chef d'exploitation, M. J. Bouquel, de Beaumont, a mis à découvert des fragments d'un crâne humain et quelques débris osseux. Avertis, nous nous rendîmes sur les lieux pour relever la position exacte de ces débris. Mais le service du chemin d'accès de la carrière avait nécessité le remblaiement de la tranchée et nous dûmes entreprendre d'importants travaux pour déterminer avec exactitude l'emplacement du squelette.

Un puits carré, de 3^m de côté, fut largement ouvert, perpendiculairement à la tranchée ; il traversa toutes les couches indiquées, depuis la terre végétale jusqu'aux argiles, atteignant une profondeur de 5^m, 80. La couche des scories est très compacte, résistante à la pioche, formée superficiellement d'éléments rougeâtres qui passent à des lapilli noirs et à une couche de cendres avec nodules argileux. Le travail d'extraction est difficile et les parties délicates des ossements sont brisées par le choc des grosses pioches des carriers : aussi avons-nous recueilli beaucoup de fragments. Seuls, les os des membres offrent assez de résistance pour être extraits par portions plus volumineuses. Nous avons pu, par la découverte de la portion importante d'un radius, déterminer d'une façon exacte l'emplacement du squelette et, dans l'espoir de compléter le plus largement possible nos trouvailles, nous avons fait poursuivre la fouille dans un rayon de 2^m autour de ce point déterminé.

Les débris du squelette étaient donc placés dans le lit de cendres, reposant sur les argiles, occupant une situation analogue à celle des nodules voisins. Les racines des châtaigniers centenaires qui couvrent la montagne s'intercalent entre les scories et pénètrent la couche de leurs fines ramifications.

Les fragments relevés sont les suivants :

Crâne : fragments des pariétaux, du frontal, des rochers, de l'occipital. Ces os ont une épaisseur considérable qui atteint 5mm et même 8mm maximum, et une grande légèreté.

Humérus droit : extrémité inférieure. — *Humérus gauche* : même partie avec portion importante de la diaphyse ; pas de perforation dans la fosse olécranienne.

Cubitus droit : olécrâne et deux tiers supérieurs de la diaphyse ; cette partie offre l'incurvation accentuée en avant signalée par Testut dans le squelette de Chancelade.

Divers débris de côtes, parcelles nombreuses.

Tous ces os ont des dimensions petites ; aucune portion ne se rapporte aux os des membres inférieurs.

L'étude du gisement, faite avec la plus scrupuleuse attention, éloigne toute idée d'un remaniement des scories profondes par des phénomènes d'érosion. La couche de scories remaniées est superficielle et la position des paquets de lave sur les argiles cuites ne laisse aucun doute sur leur position. De même, on ne peut admettre l'idée d'une exploitation ancienne ayant entraîné l'enfouissement d'un carrier sous un éboulement ; les remaniements dus à la main de l'homme laissent des traces trop évidentes dans les couches de scories, et, sur ce point, il est impossible de constater de semblables traces. Ces ossements sont bien en place, dans des couches non remaniées, et affirment la contemporanéité de l'homme et des éruptions du volcan de Gravenoire.

Est-il possible de fixer une date à ces éruptions et de rattacher du même coup ces débris squelettiques à une des grandes divisions du paléolithique ? Pommerol, qui s'est occupé de l'*âge du volcan de Gravenoire*, place l'émission des coulées laviques « entre les deux époques glaciaires », mais nous réservons nos conclusions, désirant apporter des données indiscutables dont l'exposé sera le complément de cette Communication.

Dr PAUL GIROD et PAUL GAUTIER.

(Communication faite le 19 mai 1891 à l'Académie des Sciences.)

SUR L'AGE

DU SQUELETTE HUMAIN

DÉCOUVERT DANS LES FORMATIONS ÉRUPTIVES DE GRAVENOIRE (PUY-DE-DOME)

L'âge des ossements humains de Gravenoire, dont la découverte a fait l'objet d'une précédente communication (1), ne pouvait être fixé que par une étude détaillée du flanc Est du volcan, permettant d'établir l'âge relatif des couches de scories dans la carrière.

Le cône des scories de Gravenoire repose sur une falaise granitique, protégée à son sommet par une coulée de basalte des plateaux (β^2) ; cette falaise constitue la lèvre supérieure de la grande faille N.-S. contre laquelle se relèvent les arkoses tongriennes de la Limagne. Dès la fin du tertiaire, les eaux descendant des plateaux de Berset et de Charade ont creusé, perpendiculairement à la direction de cette faille, une vallée profonde se dirigeant vers la plaine de Sarliève. Le torrent qui descendait de ces plateaux a entraîné de volumineux cailloux roulés (granite porphyroïde, granite à grains moyens, granulites et pegmatites, quartz des filons, basalte ancien, gneiss et roches du terrain cambrien), provenant des falaises voisines, qui sont englués dans une boue fine et limoneuse. Sur ce dépôt profond se superposent des lits d'argile ; cette argile a une origine détritique, formée par la destruction des gra-

(1) In Comptes-rendus, 19 mai 1891, reproduite In *Revue d'Auvergne*.

nits voisins, contenant dans sa masse de gros blocs anguleux de granit et de basalte éboulés de la falaise.

Ce sont ces argiles que le Dr Pommerol n'hésite pas à considérer comme un *terrain glaciaire* avec *blocs erratiques*, correspondant à la formation de Perrier; nous ne pouvons relever dans ces couches aucun des caractères fondamentaux d'un dépôt glaciaire.

C'est pendant le dépôt de ces argiles que la grande coulée de lave descendant de Bois-Séghou vers Aubière, s'est engagée dans cette vallée. Après le comblement de la vallée par la lave, le cours d'eau rejeté vers le sud se creusait un nouveau lit le long de la coulée, tandis que des affluents descendant de la falaise de Gravenoire traversaient la coulée et remplissaient ses anfractuosités et ses crevasses d'un limon argileux contenant des scories remaniées.

Les eaux descendant vers la plaine y apportaient ces formations argileuses qui se superposaient aux anciennes et contribuèrent à constituer le sol des sablières exploitées à Sarliève, sur la limite de l'ancien lit de l'Allier.

La formation des éboulis sur les pentes s'est continuée pendant que ces dépôts se formaient; on les retrouve sur divers points superposés aux laves, et le Dr Pommerol en fait encore des *dépôts glaciaires*, plus récents, se rapportant à la seconde extension glaciaire, quaternaire. C'est sur cette assimilation de ces éboulis avec des *formations glaciaires* que le Dr Pommerol fixe l'irruption correspondante du volcan *dans la période interglaciaire*.

Il nous semble impossible de séparer ces dépôts argileux si étroitement unis au point de vue stratigraphique : argiles sous-laviques, argiles sus-laviques, argiles sableuses de Sarliève ne forment qu'un même dépôt, dans lequel s'intercale la coulée de lave et les scories qui l'accompagnent.

Or, dans les sablières de Sarliève le dépôt est facile à dater : le Dr Pommerol y a relevé une faune caractéristique avec : *Elephas primigenius, Rhinoceros tichorhinus, Cervus tarandus, Bos primigenius, Equus caballus, Canis vulpes*, etc., et des *silex taillés de l'âge du Renne*. C'est la faune à *Cervus tarandus* signalée par Pomel à Neschers, par Pommerol à Blanzat, où ont été découverts, sous les escarpements, des coulées de lave, des abris *magdaléniens* nettement caractérisés.

Le limon sus-lavique des fentes a donné à M. Jaloustre le même *Bos*, le même *Equus*, *Canis vulpes*, etc., et, si l'on n'y a rencontré ni Mammouth, ni Renne, on y a découvert *Arctomys primigenia*, espèce de marmotte très abondante à l'époque moustérienne et qui se conserve jusqu'à la fin du magdalénien. Les argiles sous-laviques ont donné au Dr Bouchereau un tibia de *Bos* cuit par la lave, et, à l'un de nous, une dent d'*Equus*.

Nous nous croyons donc autorisé par la stratigraphie et par la faune à considérer l'ensemble de ces dépôts et la coulée de lave interposée comme datant de la fin du quaternaire.

La petite vallée de la Brenne, où reposaient les débris humains, est une vallée affluente de la grande vallée dont nous venons de faire la description. Or, cette petite vallée présente la même superposition de couches que la grande, avec des différences dans l'épaisseur des lits d'argile et de scories, dues à sa position par rapport au volcan et à la déclivité de sa pente.

Pour nous, les *argiles jaunes provenant des granits* qui contenaient les ossements et que recouvrent *les scories en place, à gros éléments*, correspondent exactement aux *argiles sous-laviques* de la route de Beaumont et nous n'hésitons pas à les rapporter à des dépôts quaternaires de l'âge du Renne. Les ossements humains découverts par nous se trouvent ainsi datés d'une façon précise.

PAUL GIROD et PAUL GAUTIER.

(Communication faite le 29 janvier 1894 à l'Académie des Sciences.)

NOTE COMPLÉMENTAIRE

—

Les deux communications précédentes faites à l'Institut ont résumé nos propres observations sur les ossements humains découverts à Gravenoire ; elles doivent être complétées par une discussion des opinions émises sur l'âge du volcan de Gravenoire.

Dans sa thèse si remarquable sur *les phénomènes glaciaires dans le Plateau central de la France* (1), M. A. Julien considère le dépôt à gros éléments du fond de la vallée de Ceyrat et que coupe la route de Beaumont, comme la moraine latérale gauche d'un glacier quaternaire descendant du « plateau cristallin qui supporte les volcans à cratère. » Or, le passage de la route de Beaumont prend en écharpe cette moraine sur une longueur de plus de cent mètres et la montre surmontée par la coulée de lave descendant de Gravenoire dans cette direction. Cette superposition de la lave sur une moraine glaciaire quaternaire autorise donc cette conclusion : « la date de l'apparition est précise : *ils sont post-glaciaires.* »

Dans un travail intitulé : *Age du Volcan de Gravenoire* (2), M. le Dr Pommerol a repris cette question et arrive à des conclusions bien différentes.

D'abord, il refuse au dépôt considéré par A. Julien comme glaciaire le caractère d'une moraine. « C'est, dit-il, une assise compacte de blocs de granit, d'arkose, de basalte, d'un très fort volume, dont les angles et les arêtes sont émoussés et dont la surface est entièrement polie et unie. Ces blocs sont de gros galets, à demi roulés. La masse dans laquelle ils sont engagés a toutes les ap-

(1) Paris, 1869.
(2) Association française. Congrès de Reims, 13 août 1880.

parences d'un sable grossier peu roulé.... Ces galets et ce sable ne sont pas d'origine glaciaire, mais torrentielle. »

Le glaciaire quaternaire de A. Julien étant ainsi supprimé, le Dr Pommerol s'attache à décrire entre cette formation torrentielle et la lave un dépôt glaciaire véritable :

« La lave recouvre une couche épaisse de limon argileux, pulvérulent, où se voient engagés d'énormes blocs d'arkose, à angles aigus, à arêtes vives, à surface irrégulière. Ce sont là de véritables blocs erratiques, empâtés dans une boue glaciaire.... Ces dépôts de transport sous-volcaniques sont immédiatement antérieurs à la coulée de Gravenoire qui les a calcinés, labourés, emprisonnés dans ses poches et ses anfractuosités, et, à cause de leur caractère et de leur situation, ils doivent *être rapportés à la première période glaciaire.* »

Mais il y a plus, sur la lave et dans ses anfractuosités on trouve « un limon marneux, calcaire, analogue au lœss des plateaux, avec mélange de cendres volcaniques et de fines scories... et ce limon est dominé par un dépôt qui a tous les caractères d'un tuf glaciaire. Il est en effet constitué par de gros fragments de roche, anguleux, empâtés dans une boue grossière, non stratifiée. Ces blocs sont de granit, de basalte ou de lave, dont quelques-uns parfaitement polis, striés et même cannelés... Nous sommes donc en présence des restes d'une moraine qui s'est déposée au début du creusement de la vallée actuelle.... *C'est une moraine de la seconde époque glaciaire.*

» La stratification démontre donc que la lave de Gravenoire, entre Ceyrat et Beaumont, a recouvert les débris de moraine situés à la partie supérieure des flancs de la vallée, — et que d'autres formations glaciaires se sont déposées, après l'éruption volcanique, dans le fond de la vallée et à une distance plus éloignée. La lave a coulé à un moment qui se trouve compris *entre les deux époques glaciaires.* Le volcan de Gravenoire appartient donc à ces temps de la période quaternaire qu'on appelle l'époque interglaciaire, caractérisée par le retrait des glaciers et le retour à un climat moins rigoureux. »

Il est intéressant d'opposer à ces conclusions celles que le Dr Pommerol avait tirées d'une première étude sur la « *Géologie de la Limagne* (1) » et sur l' « *Existence de l'homme en Auvergne à l'époque du renne et des volcans à cratère* (2). »

Dans la première note, nous relevons le passage suivant : « On trouve dans les graviers de Sarliève des silex taillés et des ossements fossiles appartenant aux espèces suivantes : mammouth, renne, chevreuil, cheval, aurochs. Cette faune est véritablement quaternaire, et les silex taillés prouvent que l'homme vivait en Auvergne, à l'époque des glaciers... Dans les graviers, il y a une absence presque complète de lave et de scories de la seconde éruption volcanique. *C'est donc à l'époque du renne et du mammouth que nos volcans à cratères ont fait leur première apparition.* »

La seconde note est aussi affirmative : « Les silex taillés que nous trouvons associés aux ossements d'espèces éteintes ou émigrées montrent avec évidence que l'homme vivait en Auvergne dans ces temps reculés et qu'il a été témoin de deux grands phénomènes géologiques : *les éruptions volcaniques* et les inondations périodiques de la Limagne. »

Nous sommes loin d'admettre sans discussion des « traces glaciaires dans les environs de Clermont-Ferrand », signalées par A. Julien et Laval, et la nature glaciaire de la formation à gros cailloux roulés de la route de Beaumont nous semble prêter le flanc à de sérieuses critiques. Nous inclinons à penser avec le Dr Pommerol qu'il s'agit plutôt

(1) Association française. Congrès de Clermont-Ferrand, 19 août 1876.
(2) Association française. Congrès de Clermont-Ferrand, 21 août 1876.

sur ce point d'un dépôt torrentiel formé par les eaux descendant des plateaux de Berset et de Charade. Ce sont les roches arrachées aux formations primitives et éruptives de cette région qui, entraînées, roulées, sont restées enveloppées par la boue sableuse qui les a recouvertes. Mais nous ne suivrons pas le Dr Pommerol dans sa création et sa multiplication des couches glaciaires. Il est impossible de trouver dans ces argiles détritiques sous-laviques et sus-laviques les caractères d'une formation glaciaire. Ce sont des éboulis sur les pentes, de gros quartiers de granit ou de basalte détachés des parois de la falaise, reposant dans une argile détritique formée par la destruction lente des granits. Du reste, d'où serait venu un semblable glacier? Si l'on considérait les blocs éboulés de roches granitiques et de basalte comme des *blocs erratiques*, il faudrait admettre qu'ils proviennent de la vallée même, et l'absence de tout mélange avec les roches des massifs supérieurs forcerait de limiter au plateau voisin le point d'origine d'un tel glacier. Or, le plateau de Berset, avec ses 1,000 mètres d'altitude, a-t-il présenté jamais les conditions nécessaires pour le développement d'un glacier pliocène? Si l'on retrouvait sur ce point, comme à Perrier, des blocs arrachés au massif des Monts Dores, la discussion serait permise et l'on pourrait soutenir, avec A. Julien, l'origine glaciaire de la formation, mais tel n'est pas le cas. Les mêmes observations s'appliquent au soi-disant dépôt quaternaire d'Aubière. Du reste, il suffit de bien examiner la coupe de la route de Beaumont pour constater que la couche agileuse, surmontée par les laves et les scories, repose sur un mince lit de scories noires, fines, qui la sépare de la formation torrentielle plus profonde. Ce mince lit de scories, qui atteint à peine 0m20 et qui disparaît de loin en loin, est la terminaison, à la base de la montagne, des *scories de fond à éléments moyens* qui atteignent 4 mètres et plus dans les carrières ouvertes sur le flanc du volcan. Cette dernière considération nous permet d'affirmer qu'il s'agit de dépôts formés entre deux émissions de scories et cette position les fait correspondre exactement à nos argiles de la Brenne contenant les ossements humains. Nous ne pouvons donc adopter les conclusions de Pommerol touchant la position interglaciaire de la coulée de Gravenoire.

En présence de l'impossibilité de reconnaître aux formations glaciaires de ces géologues l'authenticité désirable, nous avons cherché dans l'étude de la faune les moyens de résoudre la question de l'âge de la coulée.

La faune du « gisement quaternaire de Sarliève » (1), est bien connue par l'intéressant travailde Pommerol. Elle comprend :

Elephas primigenius. — Rhinoceros tichorhinus. — Cervus tarandus.— Bos primigenius, Bos taurus, Bison europæus.—Equus caballus.—Sus scrofa.— Canis lupus, Canis vulpes. — Lepus timidus, Myoxus?, Sciurus?.— Stryx buba, Anas querquedula?.

Avec ces animaux vivait l'homme dont on retrouve les *grattoirs* et les *couteaux* en silex provenant des calcaires d'eau douce de la Limagne, quelques-uns en silex marin des faluns de la Touraine. Les argiles sus-laviques ou limon des crevasses supérieures de la coulée ont donné les espèces suivantes : *Bœuf, Cheval, Renard* et *Marmotte.*

Cette marmotte qui se rapporte à *Arctomys primigenia* de Kaup a fait l'objet d'une étude spéciale du Dr Pommerol qui n'hésite pas à en faire une *espèce caractéristique* du quaternaire le plus ancien; il l'associe au *Felis spelæa*, au *Rhinoceros Merckii* et à *Elephas meridionalis*, et de cette ancienneté il tire la confirmation de l'ancienneté de la coulée comprise entre ces deux formations glaciaires.

Or *Arctomys primigenia* se poursuit en plein *moustérien* où elle est très abondante et se retrouve même pendant le *magdalénien* et son association, dans le limon,

(1) Association française. Congrès de Montpellier, séance du 29 août 1879.

avec le Bœuf, le Cheval et le Renard, n'a rien qui démontre sur ce point une faune se rapportant à celle d'*Elephas meridionalis*. Au contraire, nous trouvons dans cette série de types les rapports les plus étroits avec la faune de Sarliève plus riche, parce que les dépôts exploités sont plus considérables.

Nos argiles détritiques sous-laviques — le glaciaire ancien de Pommerol — ont donné au Dr Bouchereau un tibia de Bœuf, calciné sur place avec les argiles qui l'entouraient, et nous avons recueilli sur le même point une dent de Cheval. Cette double découverte nous permet de rattacher ces argiles de base au limon sus-lavique des fentes, et, de cette façon, supprimant toute idée de glaciaire, nous voyons les laves s'épancher sur des argiles caractérisées par de la faune du mammouth et du renne, et, sur les laves, de nouvelles argiles se déposent avec la même faune qui se développe à Sarliève avec ses caractères les plus précis.

Ces considérations nous amènent à considérer l'éruption correspondante de Gravenoire comme produite en plein âge du Renne : c'était l'opinion de M. le professeur Julien qui, n'ayant pas de documents précis sur la faune des limons, n'hésitait pas à considérer le dépôt torrentiel dont nous avons parlé comme une formation glaciaire quaternaire que recouvrait la coulée de lave. Le Dr Pommerol a rétabli l'origine torrentielle de ce dépôt, mais il a voulu faire des argiles sous-laviques et des argiles sus-laviques des dépôts glaciaires : glaciaire de Perrier et glaciaire quaternaire, et en a conclu que l'éruption correspondante était interglaciaire. Pour les raisons précédentes, nous ne pouvons découvrir les caractères de formations glaciaires aux dépôts décrits par cet auteur, et nous ne pouvons adopter sa manière de voir touchant *Arctomys primigenia* dont il veut faire un type caractéristique du quaternaire ancien.

La coulée de Gravenoire a donc fait son apparition en plein âge du Renne; *elle est donc post-glaciaire.*

La question de nos ossements doit nous arrêter maintenant.

La vallée de la Brenne où est creusée la carrière est une vallée latérale, affluente de la grande vallée dont nous venons de parler et où s'est épanchée la coulée de lave venant de Bois-Séghou. Il est intéressant de mettre en parallèle la coupe de ces deux vallées.

A la Brenne nous avons relevé :

Terre végétale et éboulis	1m 20
Scories remaniées et stratifiées	1m 20
Scories en place à gros éléments	3m »
Lit de cendres noires avec nodules d'argile..	0m 30
Argiles jaunes provenant des granits, *avec ossements humains*	0m 80 à 1m »
Scories de fond à éléments moyens	4m »
Arkoses de base	» »

Sur la route de Beaumont, même disposition :

Terre végétale et éboulis	1m 20
Scories à gros éléments	1m 50
Coulée de lave	7 »
Argiles cuites provenant des granits, avec *Bos* et *Equus*	2m »
Scories de fond à petits éléments, en un petit lit de	0m 20
Argiles détritiques supportant ces scories...	0m 50
Formation torrentielle avec gros cailloux roulés	» »

Les seules différences consistent dans l'intercalation de la coulée de lave de Bois-Séghou, dans la grande vallée de Beaumont. Or, dans la carrière de la Brenne, au-dessus du point où ont été trouvés les ossements, on observe une masse de lave exploitée qui occupe précisément la même position. De ce fait les relations entre la couche d'argile où reposaient les ossements humains et la couche d'argile avec *Bos* et *Equus* de la route de Beaumont sont des plus indiscutables.

Nous insistons une fois encore sur l'état d'intégrité absolue de la formation des scories à gros éléments qui recouvraient les ossements humains; sur une épaisseur de trois mètres, ces scories constituent une masse où les éléments sont engrénés sans trace de stratification, sans interposition de boue due à un remaniement quelconque. Cet aspect contraste avec les scories superficielles qui, elles, ont été remaniées, stratifiées, cimentées par un dépôt boueux qui en ternit l'éclat et marque à distance une limite précise entre les deux formations scoriacées. Du reste, si l'on descend du sommet de Gravenoire vers le cirque qui domine le pont du chemin de fer, on voit cette couche de scories d'abord réduite à quelques centimètres, s'accroissant en épaisseur à mesure que l'on descend vers la base de la falaise; on la voit atteindre trois mètres au niveau de la Brenne, et peu à peu, par une pente insensible, on arrive à une masse de remplissage du cirque qui atteint plus de vingt mètres d'épaisseur. Ce gigantesque culot de scories a formé une digue qui a permis l'accumulation des scories roulant sur le flanc rapide de la montagne, et c'est ainsi que la couche s'est élevée à une si grande hauteur. S'il y avait eu remaniement complet de la couche, les scories ne se trouveraient plus à la Brenne; elles seraient descendues formant des scories remaniées et stratifiées sur la masse occupant la base du volcan, de la même façon que les scories supérieures entraînées ont formé à leur surface le dépôt stratifié superposé à leur masse dans la carrière. Nous insistons sur ce point, car il est capital pour répondre à une objection qui nous a été faite dans l'article que M. le Dr Pommerol a bien voulu consacrer à notre découverte.

Cet article a paru dans la *Revue de l'Ecole d'Anthropologie* (1), et a fait l'objet d'une discussion au Congrès de Besançon (2).

Nous soulignons les passages qui demandent une réponse.

(1) *Le Squelette humain de Gravenoire*, in Revue mens. de l'Ecole d'Anthropologie de Paris. Deuxième année — VIII — 15 août 1892.

(2) Association française. Congrès de Besançon, 7 août 1893.

..... « Un seul individu a été enfoui sous les scories ; aucun objet préhistorique n'a été rencontré auprès de lui ou dans le voisinage. Il faut toujours se méfier des découvertes de simples squelettes dans un terrain même ancien.... Si le squelette avait été trouvé dans les scories qui sont recouvertes par la lave, il n'y aurait pas de doute à concevoir, car ces scories ne peuvent pas avoir été dérangées. »

Nous sommes les premiers à reconnaître que notre découverte nous aurait évité une semblable critique si les ossements avaient été relevés sous la lave même, dans une couche archéologique avec silex caractéristiques et ossements d'animaux d'une faune déterminée, mais, à notre grand regret, le destin ne l'a pas voulu ainsi. Est-ce une raison pour mettre un grand point d'interrogation à la suite du procès-verbal de notre découverte ? Nous avons constaté un fait, nous nous sommes entourés de toutes les garanties que peut demander l'archéologue au point de vue du gisement, et nous avons conclu dans le sens indiqué par les preuves recueillies.

Pour M. le docteur Pommerol, les scories qui recouvraient le squelette doivent avoir été dérangées : « Cette couche est-elle réellement de l'époque de l'éruption volcanique ? N'est-elle pas le résultat d'un remaniement naturel par les eaux, des scories rouges qui reposent sur la coulée de lave, et ne seraient-elles pas comparables à ces terrains meubles que l'on rencontre entourant comme d'une zone la base de tous les cônes volcaniques .....? Ainsi s'expliquerait la discordance qui existe entre cette couche et celles qui reposent sur la coulée. »

Nous demanderons au docteur Pommerol, qui a relevé sa coupe à un moment où « la couche où reposaient les ossements avait été entièrement enlevée pour les besoins de l'exploitation », comment il a pu, contrairement à la coupe relevée par nous, mettre en discordance les scories qui recouvraient les ossements avec les scories superposées aux laves. La continuité entre ces scories était si nette que nous ne pouvons comprendre ce coup de bascule et l'interposition d'un lœss avec poches de sable volcanique, coupant la formation en deux moitiés discordantes. On a reproché aux schémas de trop obéir au crayon dirigé par une idée préconçue; nous considérons la coupe théorique de la carrière de la Brenne, donnée par le docteur Pommerol, comme ayant quelques droits à ce reproche. Nous avons peine à retrouver la superposition si simple des scories et des couches d'argile détritique, dans cet enchevêtrement d'argiles, de lœss, de terrain glaciaire avec poches de sables volcaniques et blocs erratiques, de limon argileux, alternant avec de nombreux lits de scories et de pouzzolanes. Il est certain qu'avec des relevés de cette nature on s'expose à imprimer aux couches des remaniements qui dépassent toutes les limites (1).

Nous avons exposé au Congrès de Besançon un résumé des présentes observations. En réponse, M. le Dr Pommerol a maintenu sa coupe de la Brenne, avec son interprétation des couches glaciaires : « C'est pourquoi, dit-il, nous avons cru devoir fixer l'éruption dans la période interglaciaire. Elle ne peut être contemporaine du moustérien et du magdalénien de la plaine de Sarliève. L'examen de la coupe, à la côte de Landais, près de Clermont-Ferrand, démontre le contraire. Là, on observe parfaitement que la coulée de Gravenoire occupe un assez long plateau, élevé de vingt à trente mètres au-dessus de la plaine de Sarliève. Entre les dépôts de Sarliève et l'émission de la coulée, il a dû s'écouler un temps énorme que mesurent le ravinement, la dénivellation, l'abrasion de

(1) Dans sa note et dans le résumé présenté à l'Association française, M. le Dr Pommerol insiste sur la visite faite au gisement « en compagnie de M. le Dr Girod. » Nous avons été heureux de faire à notre collègue les honneurs de l'intéressante carrière, mais nous regrettons de n'avoir pu accepter, sur les lieux, les interprétations données dans ces travaux,

toute la masse tertiaire; ce qui a fait que la coulée volcanique, jadis occupant le fond de la vallée, est arrivée à former l'entablement du véritable plateau. Il est donc impossible que Sarliève et Gravenoire soient de la même époque, du même horizon géologique. »

Cependant, il est évident qu'avant l'arrivée de la coulée de Bois-Séghou dans la vallée qu'elle a remplie, le cours d'eau qui suivait cette vallée aboutissait dans le bras de Sarliève qui reliait le Marais à l'Allier. L'examen de la vallée actuelle de l'Artière montre, qu'après le comblement de la vallée primitive, le cours d'eau s'est rejeté vers le sud, en suivant la coulée, se dirigeant par Aubière vers le bras de Sarliève.

Il nous semble impossible de ne pas considérer les lits superposés du dépôt de Sarliève comme correspondant aux couches alluviales qui sont restées en place au fond des vallées affluentes ou dans les fentes des coulées de lave, surtout en tenant compte de ce fait que les dépôts de Sarliève peuvent se diviser en dépôts inférieurs, sans scories et sans galets de lave, ayant précédé les éruptions volcaniques quaternaires, et en dépôts supérieurs, où l'élément scoriacé et les galets de lave se multiplient, affirmant les remaniements des formations éruptives. Le docteur Pommerol avait insisté avec raison sur ce point: « On peut distinguer à première vue cette différence de composition : l'alluvion ancienne, par sa prédominance des calcaires est d'un blanc grisâtre; tandis que l'alluvion moderne a une couleur presque noire, à cause du nombre considérable de ses galets de lave (1). » La concordance de ces dépôts avec nos argiles détritiques sus-laviques et sous-laviques ne peut se discuter.

Les objections tirées de la saillie actuelle de la coulée et du *temps énorme* que le docteur Pommerol considère

(1) *Existence de l'Homme en Auvergne*, etc., *In* Associat. franç. Clermont-Ferrand, 1876, *loc. cit.* Séance du 24 août.

comme nécessaire à la formation de cette saillie nous semblent peu sérieuses. Nous sommes en ce point sur des marnes et des calcaires marneux qui se prêtent à des érosions rapides et étendues. Du reste, les calcaires tertiaires étaient déjà profondément entamés, ravinés, et les précipitations atmosphériques qui accompagnent les éruptions volcaniques ont pu contribuer à la profonde modification du relief en même temps que la progression des coulées de lave. On peut admettre que le cours d'eau chassé de son lit par la coulée de lave a trouvé une vallée déjà profonde où il s'est engagé. Le travail qui restait à effectuer était donc plutôt un travail de démantellement et les vastes éboulis témoignent de la désagrégation et de l'éboulement des roches encaissantes de la coulée, tandis que la lave plus résistante conservait sa disposition première, malgré la disparition des calcaires qui formaient son lit.

Du reste, si au lieu de se rapprocher de la terminaison de la coulée, on remonte vers Bois-Séghou, où elle prend naissance par un magnifique culot disposé en éventail, on constate que, dans cette direction, la coulée qui a plus de 20 mètres de puissance fait à peine une saillie de 5 à 6 mètres au-dessus du sol. La dénudation des parois de l'ancienne vallée a donc été très restreinte et une pente très douce conduit, de la coulée, au fond de la vallée actuelle de l'Artière. On peut ainsi se rendre compte que le cours d'eau, traçant une tranchée de plus en plus profonde, a pu provoquer l'exagération de la pente dans un espace de temps qui n'a rien d'incompatible avec la durée de l'âge du Renne qui doit être considérable, si l'on en juge d'après les documents actuellement découverts.

Le travail du Dr Pommerol, fait avec la rigueur et la conviction de l'homme de science et rédigé avec la plus parfaite courtoisie, mérite seul d'être discuté dans le présent mémoire. Cependant, une note parue dans l'*Anthropologie*, doit être indiquée à titre bibliographique.

Cette note (1) est courte, mais elle est rédigée dans des termes qui ont l'air de vouloir laisser percer entre les lignes des insinuations que nous taxerons simplement d'étranges, et elle ne mérite pas de réponse.

Il n'est pas sans intérêt de rapprocher, dans la discussion présente, les débris du squelette de Gravenoire des ossements humains découverts par Aymard dans les tufs volcaniques du volcan de Denise.

M. Boule s'est aussi occupé de ces ossements. Pour lui — comme pour tous ceux qui ont vu, sans parti pris, les pièces réunies au Musée du Puy — il est impossible de nier les rapports des ossements avec les tufs qui les enveloppent. Mais que sont ces tufs, quel est leur âge précis?

Dans son *Essai de Paléontologie stratigraphique de l'homme*, M. Boule s'exprimait ainsi : « Il n'en est peut-être pas de même de l'âge que l'on a voulu attribuer à ces débris. Une étude attentive du gisement et du volcan de Denise m'a convaincu qu'on n'avait actuellement aucun moyen de dater l'éruption des tufs qui ont englobé l'homme de Denise. »

Dans sa thèse sur la *Description géologique du Velay*, M. Boule insiste sur cette question. « Elle revient, à mon avis, à déterminer si les matières scoriacées, qui recouvrent les couches fossilifères sont en place. Si ces matières sont en place et, après de nombreuses visites au gisement, je suis très porté à l'admettre, il est indiscutable que les ossements humains remontent à une haute antiquité..... L'homme de Denise serait donc sensiblement contemporain de la faune à *Rhinoceros Merckii* que l'on trouve dans les fentes des brèches anciennes. »

Et M. Boule ajoute en note : « Dans diverses publications antérieures j'avais cru devoir être plus prudent et réserver complètement l'âge de ce célèbre gisement. Mes études sur la géologie générale de la région n'étaient pas

(1) *L'Anthropologie*, tome III, nº 1.

encore très avancées. Depuis lors, j'ai revu plusieurs fois la montagne de Denise et ses abords. »

Espérons que lorsque M. Boule aura complété ses observations sur le volcan de Gravenoire il sera moins prudent et moins réservé touchant le gisement de la Brenne.

Nous le répétons en terminant, nous croyons avoir fait tout le nécessaire pour assurer l'authenticité de la découverte, faisant déblayer à nos frais la vaste masse de scories qui recouvrait le squelette, relevant en place divers débris, poursuivant le travail dans l'espérance de découvrir les ossements des membres inférieurs. Partout la masse de scories s'est montrée continue, sans remaniements dus à l'action des eaux, sans traces d'une intervention humaine ayant creusé un puits pour enfouir un cadavre. Du reste, ces quelques ossements épars, brisés, enchâssés dans l'argile et les cendres qui les recouvrent, comme les débris de granit qui les accompagnent, parties incomplètes d'un squelette disséminés sans ordre, ne rappellent en rien une sépulture. Nous avons la ferme conviction que l'homme de Gravenoire appartenait à la tribu de chasseurs qui poursuivait sur les bords de l'Allier le mammouth et le renne et qui assista à cette éruption du volcan.

Clermont-Ferrand, typographie Mont-Louis, rue Barbançon, 2.

CLERMONT-FERRAND. — IMPRIMERIE MONT-LOUIS, RUE BARBANÇON, 2

www.ingramcontent.com/pod-product-compliance
Ingram Content Group UK Ltd.
Pitfield, Milton Keynes, MK11 3LW, UK
UKHW020225180726
13838UKWH00005B/2196

9 782329 402246